Regina Helena R.F. Mantovani
(organizadora)

CRESCER EM COMUNHÃO

CATEQUESE E FAMÍLIA

Volume 1

Cristiane Alves de Almeida da Silva
Reinaldo Soares
Gizamara Aparecida da Silva
Eloisa Elena Barbara Oliveira
Pe. José de Lima

Petrópolis

© 2014, Editora Vozes Ltda.
Rua Frei Luís, 100
25689-900 Petrópolis, RJ
www.vozes.com.br
Brasil

1ª edição, 2014.
3ª reimpressão, 2021.

Todos os direitos reservados. Nenhuma parte desta obra poderá ser reproduzida ou transmitida por qualquer forma e/ou quaisquer meios (eletrônico ou mecânico, incluindo fotocópia e gravação) ou arquivada em qualquer sistema ou banco de dados sem permissão escrita da editora.

Imprimatur

Dom José Antônio Peruzzo
Bispo das Dioceses de Palmas e Francisco Beltrão
Responsável pela Animação Bíblico-Catequética no Regional Sul II – CNBB
Novembro de 2013

CONSELHO EDITORIAL

Diretor
Gilberto Gonçalves Garcia

Editores
Aline dos Santos Carneiro
Edrian Josué Pasini
Marilac Loraine Oleniki
Welder Lancieri Marchini

Conselheiros
Francisco Morás
Ludovico Garmus
Teobaldo Heidemann
Volney J. Berkenbrock

Secretário executivo
João Batista Kreuch

Editoração: Fernando Sergio Olivetti da Rocha
Projeto gráfico: Ana Maria Oleniki
Ilustração: Alexandre Maranhão
Capa: Ana Maria Oleniki

ISBN 978-85-326-4726-9

Editado conforme o novo acordo ortográfico.

Este livro foi composto e impresso pela Editora Vozes Ltda.

Sumário

Apresentação, 5

Introdução, 7

Leitura Orante da Palavra de Deus, 10

Temas para rezar e refletir, 13

   1 Bíblia, Palavra de Deus, 15

   2 Jesus, presença amorosa do Pai, 19

   3 Igreja, lugar de encontro das famílias, 24

   4 Maria, mulher e mãe educadora, 28

   5 Oração, alimento para toda a família, 33

   6 Domingo, dia de festa da família de Deus, 39

Referências, 45

Apresentação

Queridos catequizandos,
Prezados pais e familiares,
Estimados catequistas,

Chegou a hora de retornarmos ao caminho. Podemos dizer que foi um longo percurso, marcado por muitas reuniões de estudos, de reflexões e de orações. Foi justamente este o ritmo dos que se empenharam em preparar estes livros de catequese que fazem parte da Coleção Crescer em Comunhão. São páginas portadoras de preciosos conteúdos, expostos com cuidados didáticos e com muita sensibilidade pedagógica.

Também podemos dizer que seus autores trabalharam com muita dedicação, tendo os olhos fixos nas experiências e no anseio de fazer ecoar e ressoar a Palavra de Deus para os interlocutores da catequese: catequizandos, catequistas e familiares.

A vocês, prezados pais e familiares, recordo-lhes que, em catequese, nada é tão decisivo quanto o interesse e a participação de vocês. Seu testemunho de fé e seu entusiasmo pela formação catequética de seus filhos farão com que eles percebam a grandeza do que lhes é oferecido e ensinado.

Agora, pronta a obra, é chegada a hora de entregá-la aos destinatários. É um bom instrumento, de muita utilidade. Mas a experiência de fé vem de outra fonte, do encontro com Jesus Cristo. Por Ele vale a pena oferecer o melhor para, juntos, crescermos em comunhão.

D. José Antônio Peruzzo
Bispo da Diocese de Palmas e Francisco Beltrão
Responsável pela Animação Bíblico-Catequética no Regional Sul II – CNBB

Introdução

O processo de educação da fé precisa gerar uma motivação interior, que resulte em uma resposta autêntica ao chamado de Deus, como nos ensina o Evangelho. Essa reflexão, ao iluminar nossa prática catequética, guiou-nos a inserir, na *revisão da Coleção Crescer em Comunhão*, subsídios destinados aos familiares, oferecendo-lhes reflexões para acompanhar seus filhos em sua formação cristã e assim atender a missão evangelizadora da Igreja para a família, compreendida como núcleo vital da sociedade e da comunidade eclesial.

A *Coleção Crescer em Comunhão*, com os livros Catequese e Família, pretende contribuir para que as famílias possam viver o Evangelho construindo um itinerário, um caminho de educação da fé marcado pela experiência, conversão e adesão a Jesus Cristo. Para isso procurou integrar elementos característicos do amor divino a fim de promover na família a vivência da comunhão aos moldes da unidade inspirada na Santíssima Trindade.

Para desenvolver o processo de educação da fé, visando propor uma experiência de encontro íntimo e pessoal com Jesus Cristo, os temas de cada volume – Catequese e Família – se constituem de reflexões orantes, fundamentadas na Palavra de Deus, para ajudar a família na tarefa de assumir e viver plenamente a proposta de Jesus Cristo. Com os encontros propostos colabora-se para a construção de uma experiência de amor gratuito, de fidelidade, de respeito mútuo, de oração e testemunho em defesa da vida, centrando-se nas palavras e atos de Jesus.

Como são desenvolvidos os encontros

Ambientação

No início de cada encontro há uma sugestão para preparar o espaço do encontro e oportunizar a realização de um momento de espiritualidade. É importante que o animador leia as sugestões, antecipadamente, para desenvolver e motivar o grupo a refletir sobre o significado dos símbolos propostos para cada tema.

O que queremos com este encontro

Define a intenção do que se almeja com cada tema, com cada reflexão. Por esta razão é importante conversar o que se pretende com cada encontro à medida que irão acontecendo, pois ao saber o que se espera todos podem contribuir para que a meta seja alcançada, como também podem avaliar o que é necessário fazer para atender o que é proposto. Isto tudo porque a finalidade maior é ajudar-se no crescimento da fé e para o encontro pessoal com Jesus Cristo.

Acolhida

Este é o momento onde todas as pessoas deverão ser acolhidas com alegria. Normalmente deverá ser feita por alguém da catequese ou da família, que receberá o nome de animador. Neste momento é feita uma oração inicial para pedir a luz do Espírito Santo na condução do encontro.

A Palavra de Deus ilumina nossa vida

A vida da família deverá ser refletida a partir da Palavra de Deus. Assim, sempre é proposto em cada encontro um texto bíblico para ser lido e refletido. É a partir da Palavra que se vai compreender a realidade existencial da vida em família no dia a dia. É importante que todos participem ativamente das reflexões, colocando suas opiniões, considerações e experiências.

Sempre que possível utilizar a LEITURA ORANTE DA PALAVRA para ajudar as famílias a fazerem do encontro um momento de ligação e entendimento com a Palavra de Deus. Sugerimos que este momento seja realizado em três passos apresentados em cada encontro:

- Meditando o texto bíblico.
- Partilhando a Palavra de Deus.
- Construindo nossa vida de fé.

Preces e bênção da família

Este momento é um convite para a oração e celebração, pedindo as bênçãos de Deus para a família a fim de que se sinta fortalecida na sua missão de educadora na fé.

Uma tarefa para toda a família

É um convite para que as famílias sejam missionárias na construção do Reino de Deus a partir de si mesma. Para isto sugere ações simples e práticas que transformarão a família num espaço de alegria, aprendizado e esperança.

> Para enriquecer os temas sugere-se recorrer aos textos "Ensinamentos de Jesus e da Igreja", nos volumes do catequista da Coleção *Crescer em Comunhão*

Leitura Orante da Palavra de Deus

Para enriquecer os encontros da Catequese e Família sugerimos um exercício de Leitura Orante que poderá ser adaptado ou diversificado de acordo com o tema do encontro, não perdendo o foco do que está sendo tratado.

Este exercício apresenta momentos específicos: momento de preparação individual, momento pessoal ou comunitário, e, por fim, um momento para expor ao grupo os compromissos assumidos. Cabe ao animador fazer as amarrações finais das ideias e procurar conclusões que sirvam para todos. Para isso é preciso ficar atento, registrar as opiniões e resumi-las ao final da partilha para todo o grupo.

Para facilitar o estudo e a oração o animador deverá explicar detalhadamente, antes de iniciar a Leitura Orante, todo o esquema aqui proposto, passo a passo, a saber:

Preparando-se:

- Colocar o corpo em posição confortável.
- Invocar a luz do Espírito Santo.

1 Leitura: O que diz o texto em si?

- Criar silêncio interior, preparando-se para escutar.
- Leitura lenta e atenta do texto bíblico indicado.
- Momento de silêncio, lembrando o que leu, repetir alguma frase ou palavra que mais o tocou.

2 Meditação: O que o texto diz para mim?

- Ler de novo o texto bíblico indicado.
- Atualizar, ligar a Palavra com a vida:
  - O que mais chamou minha atenção neste texto bíblico? Por quê?
  - Em que pontos a mensagem do texto me questiona?
  - Qual a mensagem de Deus para mim?

3 Oração: o que o texto me faz dizer a Deus?

- Ler de novo o texto bíblico.
- Assumir um compromisso na vida.
- Formular preces espontâneas para suplicar, louvar e agradecer a Deus.
- Recitar um Salmo que expresse o sentimento que está em nós (em mim).

4 Contemplação: olhar a vida com os olhos de Deus

- Qual o novo olhar que passei a ter em minha vida depois da Leitura Orante deste texto?
- Como tudo isto pode ajudar a viver melhor?

Temas
para rezar e refletir

Bíblia, Palavra de Deus   1

Ambientação

Preparar um caminho no chão da sala de encontros com objetos, frases, fotos ou recortes de jornais e revistas de atitudes positivas e negativas comuns no dia a dia das famílias. Ao fim deste caminho, em um lugar de destaque, preparar um suporte no qual será colocada a Bíblia após a procissão.

O que queremos com este encontro

Reconhecer a Palavra de Deus como caminho seguro para a convivência familiar e a educação dos filhos.

Acolhida

Animador: Sejam bem-vindos, queridos pais e catequistas! Hoje nos reunimos para iniciar uma caminhada de fé e amizade. Em nossa reflexão iremos perceber que a Palavra de Deus, ouvida, celebrada e vivida, leva-nos a um caminho de testemunho, verdade e retidão, que deve ser seguido pelos pais cristãos na educação de seus filhos. Iniciemos este encontro *em nome do Pai e do Filho e do Espírito Santo*.

Todos: Amém.

Canto de acolhida

Animador: Com as luzes do Espírito Santo queremos caminhar unidos – catequese e família – e manter acesa a chama de nossa fé em Jesus Cristo nosso Senhor. Juntos rezemos:

Todos: Vinde, Espírito Santo, enchei os corações dos vossos fiéis e acendei neles o fogo de vosso amor. Enviai o vosso Espírito e tudo será criado e renovareis a face da terra.

Animador: Oremos.

Todos: Ó Deus, que instruístes os corações dos vossos fiéis com a luz do Espírito Santo, fazei que apreciemos retamente todas as coisas segundo o mesmo Espírito e gozemos sempre de sua consolação. Por Cristo, Senhor Nosso. Amém.

A Palavra de Deus ilumina nossa vida

Animador: Vamos acolher a Palavra de Deus cantando.
(Organizar a procissão de entrada da Bíblia na sala de encontros.)

Leitor: Leitura da Segunda Carta de São Paulo a Timóteo (2Tm 3,14-17).
(Sugerimos que a realização da leitura seja em forma de jogral. Convidar um pai e uma mãe para que leiam, alternadamente, os versículos.)

Leitor: Palavra do Senhor.

Todos: Graças a Deus.

Animador: Vamos olhar com atenção no caminho os objetos, fotos, frases e recortes de revistas e jornais que estão a nossa frente e, a seguir, destacar o versículo do texto bíblico que mais chamou atenção, dizendo-o em voz alta.

Canto

Meditando o texto bíblico

Animador: O texto bíblico que ouvimos mostra que a melhor maneira de promover a educação dos nossos filhos e de nos mantermos firmes na fé, na convivência familiar e comunitária tem por base a leitura e a vivência da

Palavra de Deus. A Palavra indica-nos os caminhos e os passos a seguir para não nos perdermos em busca de prazeres e ensinamentos que não nos farão pessoas melhores.

- Quando nos deixamos guiar pela Palavra de Deus?
- Em que momentos da nossa vida recorremos à Sagrada Escritura?
- Utilizamos a Palavra para ensinar, corrigir e educar nossos filhos?
  (Momento de silêncio entre uma pergunta e outra.)

Animador: Como cristãos, precisamos confiar mais em Deus e entender melhor sua Palavra e seus ensinamentos. Para vivermos e testemunharmos nossa fé, dom de Deus, é necessário buscar conhecê-lo. É na leitura constante da Sagrada Escritura que encontramos a sabedoria para crescermos na fé e nos deixarmos guiar pelos ensinamentos de Deus. A Sagrada Escritura corrige-nos, orienta-nos e transforma nossas atitudes para darmos testemunho de nossa fé.

Canto

 PARTILHANDO A PALAVRA DE DEUS

Animador: Vamos conversar sobre algumas questões da vida familiar. Podemos nos expressar livremente:

- O que dificulta a educação dos filhos nos dias atuais?
- Que atitudes os pais tomam para educar seus filhos na fé, além de matriculá-los na catequese?
- Todos os pais conseguem ler a Palavra de Deus para os filhos?
  (Tempo para que os pais possam refletir e partilhar suas experiências.)

Canto

Construindo nossa vida de fé

Animador: A família é um bem precioso para toda a sociedade. Nossas crianças e jovens são resultado do amor, do perdão e dos gestos de doação generosa da família, sobretudo hoje, com tantos desafios impostos pela sociedade.

Catequista: Os desafios realmente são muitos, mas, se tivermos a Palavra de Deus como guia, como luz a nos iluminar, teremos a garantia de que não estaremos sós. Jesus caminha conosco!

Pai: Senhor, nós vos recomendamos nossas famílias e tudo que possuímos. Dai-nos forças para conservar nossa fé.

Mãe: Senhor, que na Sagrada Família nos deixastes um modelo de vida familiar, ajudai-nos a ser exemplos de amor às famílias de hoje.

Preces e bênção da família

Animador: Com o desejo de viver nosso compromisso com Deus através de seu Filho Jesus Cristo e renovando os compromissos de nosso Batismo, façamos nossas orações espontâneas. A cada oração respondamos juntos: "Senhor, escutai nossa prece!"

(Tempo para que as pessoas expressem suas orações.)

Animador: Peçamos a bênção de Deus sobre nós e nossas famílias:

Todos: Ó Deus, criador e misericordioso salvador do vosso povo, Vós quisestes fazer da família, constituída pela aliança nupcial, o sacramento de Cristo e da Igreja; derramai copiosas bênçãos sobre as famílias aqui reunidas em vosso nome para que seus membros possam viver num só amor, em fervorosa e constante oração, ajudando-se mutuamente em todas as necessidades da vida e testemunhando sua fé pela palavra e por meio de atitudes concretas de amor a Deus e ao próximo. Por Cristo, nosso Senhor. Amém (*Ritual de Bênçãos*, n. 58. 5. reimpr. São Paulo: Paulus, 2003).

Canto

Uma tarefa para toda a família

Em casa, leiam o texto bíblico com seus filhos e partilhem a experiência do encontro.

Jesus, presença amorosa do Pai 2

Ambientação

Preparar a sala de encontros com Bíblia, vela, imagem ou quadro de Jesus: Misericordioso, Sagrado Coração de Jesus ou Bom Pastor.

O QUE QUEREMOS COM ESTE ENCONTRO

Identificar nas palavras e atos de Jesus a presença amorosa de Deus.

ACOLHIDA

Animador: Agradecemos a presença de todos vocês e os convidamos a iniciar o nosso encontro: *Em nome do Pai e do Filho e do Espírito Santo.*

Todos: Amém.

Animador: Ao iniciarmos, gostaríamos que partilhássemos alguma coisa boa e agradável que aconteceu conosco desde a última vez que nos encontramos.

(Tempo para que os participantes possam partilhar as experiências.)

Animador: Assim, olhando para nossa vida, para as coisas boas que dela fazem parte, peçamos ao Espírito Santo que nos ajude a confiar cada vez mais na presença amorosa de Deus em nossa vida de família, rezando:

Todos: Vinde, Espírito Santo, enchei os corações dos vossos fiéis e acendei neles o fogo de vosso amor. Enviai o vosso Espírito e tudo será criado e renovareis a face da terra.

Animador: Oremos.

Todos: Ó Deus, que instruístes os corações dos vossos fiéis com a luz do Espírito Santo, fazei que apreciemos retamente todas as coisas segundo o mesmo Espírito e gozemos sempre de sua consolação. Por Cristo, Senhor Nosso. Amém.

A Palavra de Deus ilumina nossa vida

Animador: Vamos acolher a Palavra de Deus cantando.

(Organizar a procissão de entrada da Bíblia na sala de encontros.)

Animador: Lembrando que, como a família cresce no amor com a convivência, também assim é nossa convivência com Jesus: quanto mais caminhamos com Ele, mais o conhecemos e o amamos. Ouçamos a sua Palavra.

(Sugestão para a leitura da Palavra: dividir previamente os versículos entre os participantes, em ordem crescente e sequencial, e desafiá-los para que cada um procure decorar seu versículo e falar sem olhar na Bíblia; dar alguns minutos para isso.)

Leitor: Leitura do Evangelho de Jesus Cristo segundo João (Jo 14,1-10).

Leitor: Palavra da Salvação.

Todos: Glória a Vós, Senhor!

Meditando o texto bíblico

Animador: Vamos ler novamente, em silêncio, o Evangelho segundo João. Deixemos que a Palavra de Deus caia em nossos corações e produza frutos de sabedoria para entendermos sua mensagem. Vamos meditá-la seguindo os passos indicados.

1º passo: Mantendo fidelidade ao texto que lemos, o que ele diz?

2º passo: Que mensagem posso tirar para minha vida a partir do que me diz o texto?

3º passo: Que resposta posso dar a Deus?

(A cada passo, aguardar um tempo para reflexão e partilha.)

Animador: Queridos pais, Deus está conosco neste momento. Em silêncio, fechemos nossos olhos e procuremos sentir a sua presença entre nós. Os discípulos disseram ao Senhor aquilo que traziam no coração, suas preocupações, suas incertezas. O que nós gostaríamos de dizer a Deus? Vamos, silenciosamente, conversar com Deus. Ele bem sabe o que trazemos em nosso coração, nossas dúvidas, nossas dores e alegrias, nossos anseios e esperanças. Mas, confiantes em seu imenso amor por nós, vamos abrir nosso coração a Deus nosso Pai.

(Distribuir papéis e canetas para quem desejar escrever o que gostaria de dizer a Deus. Abrir espaço para quem desejar partilhar com o grupo.)

PARTILHANDO A PALAVRA DE DEUS

Animador: Nesta passagem do Evangelho segundo João, vemos o diálogo de Jesus com seus discípulos. Eles estavam confusos em relação ao que Jesus dizia sobre o Pai.

Leitor 1: Podemos compreender as dificuldades dos discípulos, pois, àquela época, a concepção de Deus era de um Deus distante dos homens, praticamente isolado no templo, observando todos, exigindo o cumprimento dos 613 preceitos da Lei e a prática de sacrifícios e holocaustos. O nome de Deus era invocado apenas uma só vez por ano, pelo sumo sacerdote, para o perdão dos pecados, mediante um longo rito. Este fato é um exemplo de como era distante a relação de Deus com o povo.

Leitor 2: Também devemos lembrar que o povo de Israel, no princípio, teve que lutar para conquistar sua terra e, em sua forma de pensar, entendia que Deus se fazia presente em suas guerras e o liderava. Era essa a face de Deus que o povo via: um Deus conquistador, guerreiro.

Leitor 3: Hoje, passados aproximadamente 3.000 anos deste período, ainda vemos guerras, ódio e racismo em nome de Deus.

Leitor 1: Voltemos então o nosso pensamento para a confusão entre os discípulos quando ouvem, veem e sentem a proximidade e a intimidade existente entre Jesus e Deus, a ponto de Jesus chamá-lo de Pai. E mais que isso: Jesus convida seus discípulos a fazerem a mesma experiência de proximidade com Deus.

Leitor 2: Jesus, com suas palavras e suas atitudes, revelou aos homens o rosto de Deus. O Deus percebido como distante e inalcançável é agora mostrado como próximo, presente, participante da vida do seu povo. Um Deus Amor. Assim, quando um dos discípulos pediu que Ele os ensinasse a rezar, em sua bondade, disse: *"Quando orardes, dizei: Pai nosso..."*

Leitor 1: Além de revelar a verdadeira face do Pai, Jesus ainda inverte a escala de valores existente àquela época. Deus está também com o rei, com os fariseus e os poderosos, mas, principalmente, Ele está com os mais necessitados, sejam eles os leprosos, os doentes, os cegos, os paralíticos, as prostitutas, os pecadores, as viúvas... É interessante observar que a Palavra de Deus nos mostra que Jesus nunca entrou em um palácio real, exceto em sua condenação. Entretanto, entrou alegremente em muitas casas de família.

Leitor 3: Ao entrar nas casas, as palavras e as atitudes de Jesus não eram sempre as mesmas. Em uma ocasião disse: *"Hoje a salvação entrou nesta casa [...]"* (Lc 19,9). Em outra, chamou a atenção e corrigiu um fariseu que vivia uma fé superficial e discriminadora (Lc 7,36). Ao entrar em outra casa, chamou a atenção pelo excesso de trabalho e pouco tempo dedicado à oração (Lc 10,38). Ainda em outra casa de família entrou para curar a sogra de Pedro que estava doente (Mc 1,29-39).

Animador: Podemos nos perguntar: Por que Jesus agiu de formas tão diferentes? A resposta é que Ele somente reagiu às situações concretas daquelas famílias. Com sua presença Jesus revelava o amor do Pai para com todos, reconhecendo as situações e necessidades de cada um. Com suas atitudes e palavras, tornava conhecido o rosto do Pai.

- Se Jesus viesse hoje visitar a nossa família, qual atitude Ele teria para nos revelar o amor de Deus? Vamos refletir um pouco sobre isso.

    (Primeiro, colocar como fundo musical a música "Família do Brasil" do CD: **12 sucessos.** *Pe. Zezinho. Depois, dar oportunidade para que as pessoas expressem suas experiências, opiniões, considerações.)*

Construindo nossa vida de fé

Animador: Toda a vida terrena de Jesus foi um grande revelar da face de Deus. Porque ninguém melhor que o Filho para nos ajudar a conhecer e amar o Pai! O próprio Jesus disse: *"quem me vê, vê o Pai"* (Jo 14,9b). Para conhecermos mais sobre Jesus podemos recorrer ao Catecismo da Igreja Católica, na primeira seção, que trata do Credo e, particularmente, nos artigos que se referem a Jesus Cristo (CIC, n. 422-682).

▲ Vamos assumir o compromisso de ler e procurar entender pelo menos um destes artigos?

Preces e bênção da família

Animador: Irmãos e irmãs, Cristo é a Palavra que liberta. Nós devemos seguir a vontade de Jesus. Vamos, com confiança, professar a nossa fé em Jesus Cristo, por ser aquele que nos revela o amor de Deus Pai.

Todos: Creio em Jesus Cristo, seu único Filho, Nosso Senhor, que foi concebido pelo poder do Espírito Santo, nasceu da Virgem Maria, padeceu sob Pôncio Pilatos, foi crucificado, morto e sepultado. Desceu à mansão dos mortos, ressuscitou ao terceiro dia, subiu aos céus, está sentado à direita de Deus Pai todo-poderoso, de onde há de vir a julgar os vivos e os mortos.

Animador: Como vimos no encontro de hoje, Jesus visitava as famílias revelando a face de Deus. Na certeza de que Ele está presente no meio de nós, peçamos a sua bênção sobre nossas famílias.

Todos: Senhor, em tuas mãos eu entrego a minha família e peço as bênçãos necessárias para que possamos permanecer firmes em sua graça e dar verdadeiros testemunhos de fé. Amém.

Uma tarefa para toda a família

Todos os membros da família poderiam colaborar para a compra de um quadro ou imagem de Jesus para ser abençoado. Depois, expor em casa em um lugar de destaque, que pode tornar-se o *lugar de encontro de oração para toda a família.*

3 Igreja, lugar de encontro das famílias

Ambientação

Colocar um suporte para a Bíblia, velas, flores, figura ou quadro da Sagrada Família e fotos de família em um lugar de destaque na sala de encontros. Música de fundo: *Oração pela família*, do Padre Zezinho, ou outra cantada em sua realidade.

O que queremos com este encontro

Compreender o sentido de pertença à Igreja, grande família de Deus, lugar de encontro e de vivência entre as pessoas.

Acolhida

Animador: Que bom estarmos reunidos, sobretudo hoje quando iremos refletir sobre a igreja como o lugar de encontro das famílias. E, para expressarmos a alegria de estarmos reunidos, saudemo-nos uns aos outros.

Animador: Iniciemos nosso encontro *em nome do Pai e do Filho e do Espírito Santo.*

Todos: Amém.

Catequista: Para aproveitarmos bem este momento de reflexão e oração vamos invocar o Espírito Santo, Ele que nos une como irmãos.

Todos: Vinde, Espírito Santo, enchei os corações dos vossos fiéis e acendei neles o fogo de vosso amor. Enviai o vosso Espírito e tudo será criado e renovareis a face da terra.

Animador: Oremos.

Todos: Ó Deus, que instruístes os corações dos vossos fiéis com a luz do Espírito Santo, fazei que apreciemos retamente todas as coisas segundo o mesmo Espírito e gozemos sempre de sua consolação. Por Cristo, Senhor Nosso. Amém.

A Palavra de Deus ilumina nossa vida

Animador: Vamos acolher a Palavra de Deus cantando.
(Organizar a procissão de entrada da Bíblia na sala de encontros.)
Leitor: Leitura da Carta de São Paulo aos Efésios (Ef 4,1-6).
(Realizar a leitura do texto bíblico solenemente e, se possível, dialogada.)
Leitor: Palavra do Senhor.
Todos: Graças a Deus.

Meditando o texto bíblico

Animador: Guiados pela Palavra de Deus vamos meditar sobre o que acabamos de ouvir, procurando entender o que o texto diz a cada um de nós. Em silêncio, façamos a leitura do texto, calmamente.

Catequista: Convido vocês a revisitarem o texto lido, procurando entender o que Paulo nos fala. Somos exortados a combater a discórdia, a ter atitudes de paz, a procurar a união entre todos nós, família de Deus.

Animador: Agora, juntos, vamos reconstruir o texto com nossas palavras.
(Tempo para que todos participem, reconstruindo o texto com as próprias palavras.)
Canto

 Partilhando a Palavra de Deus

Leitor 1: A Carta aos Efésios pode ser um espelho onde nós nos vemos. Deixemo-nos ler pela Palavra de Deus.

Leitor 2: Este é o momento de escutar o que a Palavra diz a cada um de nós neste grupo de pais e catequistas.

- O que a Palavra de Deus diz para você?

(Convidar e incentivar cada pessoa a contribuir para este momento.)

 Construindo nossa vida de fé

Pai: Depois do que vimos e ouvimos é sempre bom perguntar: Como vamos guardar esta mensagem para nós, para nossa vida de pais, de mães, de responsáveis pelas crianças e adolescentes de nossa paróquia?

Todos: Senhor, ajudai-nos a guardar vossas palavras de vida em nosso coração de pais!

Mãe: Hoje fizemos uma experiência de encontro com o Senhor. E para que essa vivência continue vamos cada um escolher uma palavra ou um versículo do texto sobre o qual refletimos, e recordar no dia a dia de nossa convivência familiar.

Animador: A cada palavra ou versículo escolhido, vamos dizer: "Obrigada(o), Senhor!"

Todos: Senhor, te agradecemos por estarmos aqui reunidos em seu nome, aprendendo a ser melhores pais!

Preces e bênção da família

Animador: Desde o início deste encontro Deus nos falou com amor, com sabedoria. Agora, é a nossa vez: O que nosso coração quer dizer a Deus? A cada oração, vamos responder cantando.

Canto

Animador: Para encerrar este momento precioso de convívio entre Catequese e Família, vamos nos despedir saudando-nos fraternalmente com o abraço da paz.

Canto: Oração pela Família (CD: PE. ZEZINHO. *Alpendres, varandas e lareiras*. São Paulo: Paulinas, 1999).

Uma tarefa para toda a família

Inspirados pela leitura bíblica deste encontro, decidir em família uma maneira de intensificar o diálogo com o Senhor: O que cada um pode fazer, com que podem comprometer-se?

4 Maria, mulher e mãe educadora

Ambientação

Uma família fica responsável, com antecedência, por preparar dois cartazes com os dizeres: "Feliz aquela que acreditou" e "Encontro do Novo Testamento (Jesus) e do Antigo Testamento (João Batista)". Os catequistas ficam responsáveis pelas flores, vela, Bíblia, imagem de Nossa Senhora. Sugere-se, também, que seja feito um mural com gravuras de mulheres grávidas, bebês e missionários.

O que queremos com este encontro

Valorizar o significado e a presença de Maria na vida familiar como mulher que acreditou em Deus e com Ele cooperou no plano da salvação.

Acolhida

Animador: Queridos irmãos e irmãs, sejam bem-vindos! Iniciemos este encontro *em nome do Pai e do Filho e do Espírito Santo.*

Todos: Amém.

Animador: Como Isabel exultou de alegria ao receber a visita de Maria, também nossa comunidade alegra-se com a presença de todos vocês. Louvado seja Nosso Senhor Jesus Cristo!

Todos: Para sempre seja louvado!

Animador: Com a ajuda e orientação do Espírito Santo, vamos nos deixar guiar por Deus. Somente Ele pode dar o discernimento e a fé para caminharmos rumo ao Reino.

Todos: Vinde, Espírito Santo, enchei os corações dos vossos fiéis e acendei neles o fogo de vosso amor. Enviai o vosso Espírito e tudo será criado e renovareis a face da terra.

Animador: Oremos.

Todos: Ó Deus, que instruístes os corações dos vossos fiéis com a luz do Espírito Santo, fazei que apreciemos retamente todas as coisas segundo o mesmo Espírito e gozemos sempre de sua consolação. Por Cristo, Senhor Nosso. Amém.

A Palavra de Deus ilumina nossa vida

Animador: Vamos acolher a Palavra de Deus cantando.
(Organizar a procissão de entrada da Bíblia na sala de encontros.)

Animador: Se nós, hoje, conhecemos Jesus é porque muitas pessoas fizeram como Maria, colocando-se disponíveis para servir ao próximo e a Deus. Ela foi a grande missionária que levou e acompanhou Jesus a muitos caminhos.

Leitor: Leitura do Evangelho de Jesus Cristo segundo Lucas (Lc 1,39-56).
(Um catequista e uma família seguram, ao lado do leitor, as velas e as flores durante a Proclamação da Palavra.)

Leitor: Palavra da Salvação.

Todos: Glória a Vós, Senhor!

Meditando o texto bíblico

Animador: Maria, logo após dar seu sim a Deus, colocou-se a serviço do próximo. O encontro entre Isabel e Maria representa o encontro entre o Antigo e o Novo Testamentos. Isabel carrega no ventre o último profeta, João Batista, e Maria, Jesus, o Filho de Deus. Maria é mãe de Deus porque acreditou em sua Palavra e aceitou sua proposta. A opção de Maria vale também para cada um de nós que, como ela, dá seu sim à Palavra de Deus.

(Enquanto o animador fala, um casal segura o cartaz sobre o Antigo Testamento e o Novo Testamento.)

Catequista: Muitas pessoas, como Isabel, acolheram Maria com muita alegria. E nós?

- Valorizamos as pessoas que deram a vida para que Jesus fosse conhecido?
- Temos acolhido Jesus com alegria em nossa vida de pais e mães?
- Seguimos o exemplo de Maria, grande serva e missionária, saindo do nosso comodismo e egoísmo para ir ao encontro do outro?

(Guardar um momento entre uma questão e outra para reflexão e partilha.)

 PARTILHANDO A PALAVRA DE DEUS

Animador: Em silêncio, vamos imaginar Maria que vai aos montes da Judeia encontrar-se com Isabel em sua casa. Neste acontecimento procuremos reconhecer o Senhor que nos visita em Maria e, jubilosos, alegremo-nos em Deus nosso Salvador.

Leitor: Leitura do Evangelho de Jesus Cristo segundo Lucas (Lc 1,46-50).

Leitor: Palavra da Salvação.

Todos: Glória a Vós, Senhor!

(Concluída a proclamação do texto bíblico, um casal homenageia Nossa Senhora colocando flores aos pés da imagem.)

Canto mariano

Animador: Maria é aquela que acreditou em Deus e com Ele cooperou no plano da salvação. Vamos refletir sobre o significado da presença e do exemplo de Maria na vida de nossas famílias.

(Convidar para que as pessoas exponham suas ideias após cada pergunta.)

- O meu sim a Deus torna-se, de fato, disponibilidade para servir quem está necessitado de alguma ajuda?
- Sei que a verdadeira bem-aventurança é crer na Palavra, compreendendo Cristo à luz do Antigo e do Novo Testamentos. Tenho correspondido

a Jesus crendo em sua Palavra e dela fazendo o guia para minha vida e de nossa família?

Canto mariano (refrão)

Animador: Continuando nossa reflexão, vamos partilhar como tem sido nossa cooperação com o plano da salvação.

(Convidar para que as pessoas exponham suas ideias após cada pergunta.)

- Seguimos o exemplo de disponibilidade e serviço de Maria, mãe de Deus? Como demonstramos isso aos nossos filhos? E à nossa família, amigos, vizinhos...?
- Em que podemos, tendo Maria como exemplo, colaborar com a missão da Igreja?
- Como magnificar Deus e levar Cristo ao mundo nos dias de hoje, como Maria?

Construindo nossa vida de fé

Leitor 1: Olhando nossa comunidade, onde a mulher tem um papel fundamental, quantas Marias estão neste momento trabalhando com carinho, dedicação, alegria, amor e disponibilidade a serviço do Reino!

Todos: Que estas mulheres, e especialmente as de nossas famílias, perseverem no serviço ao Reino.

Leitor 2: "A presença da Virgem Maria, Mãe de Deus e Mãe da Igreja, em nossas comunidades de fé é importante. É a discípula cheia de fé e modelo no seguimento de Jesus. Sua fé foi dom, abertura, resposta e fidelidade" (DNC, n. 104).

Todos: Que nossas comunidades permaneçam fiéis como Maria no seguimento a Jesus.

Leitor 1: "Seu cântico (*Magnificat*) espelha uma pessoa totalmente aberta à causa do Reino e cheia de confiança no Pai: é o cântico da espiritualidade dos pobres do Senhor, modelo daqueles que buscam, na fé, soluções para as circunstâncias adversas da vida pessoal e social" (DNC, n. 104).

Todos: Que Maria ampare a todos nas adversidades da vida.

Leitor 2: "Por ser tão importante a relação dos fiéis com a mãe de Jesus, a catequese deve cuidar para que seja bem fundamentada, esclarecida, liberta de atitudes inadequadas e vista como um caminho que conduz a Jesus e por Ele ao Pai" (DNC, n. 104).

Todos: Que Maria fortaleça a caminhada da catequese para que esta possa fazer de Jesus fonte do amor e da verdadeira alegria de viver no Senhor.

Canto

Preces e bênção da família

Animador: Com nossas preces espontâneas, agradeçamos ao Senhor por tantas graças e pelas oportunidades de nos aproximarmos de Deus Pai e as nossas famílias. Nossa resposta, após cada prece, será: "Feliz é aquela que acreditou".

(Ou pode ser rezada a Oração da Família.)

Animador: Peçamos a bênção de Deus Pai a todos as famílias aqui representadas neste encontro.

Todos: Que o Senhor nos abençoe e nos guarde. Que consigamos deixar-nos guiar pelo Espírito Santo do Pai. Que Maria seja sempre estrela-guia da evangelização em nosso cotidiano. Em nome do Pai e do Filho e do Espírito Santo. Amém.

Animador: Fortalecidos pelo amor de Maria, nossa mãe, voltemos às nossas casas.

Canto

Uma tarefa para toda a família

Que nós, famílias, possamos visitar outras famílias, assim como Maria visitou Isabel, levando a todas uma mensagem de esperança para educar os filhos na fé.

Oração, alimento para toda a família — 5

Ambientação

Bíblia, vela grande, mesa com toalha branca, flores, vestes para o leitor (túnica branca e um manto), terço, cartaz em formato de coração no qual deverá estar escrito "humildade e confiança".

O QUE QUEREMOS COM ESTE ENCONTRO

Compreender que a oração em família é momento de encontro e de santificação de pais e filhos.

ACOLHIDA

Animador: Sejam todos bem-vindos! Damos graças ao Senhor por todas as famílias presentes e, também, por aquelas que não conseguiram vir. Iniciemos este nosso encontro *em nome do Pai e do Filho e do Espírito Santo.*

Todos: Amém.

Animador: Para sermos fortalecidos na fé e no amor, peçamos:

Todos: Vinde, Espírito Santo, enchei os corações dos vossos fiéis e acendei neles o fogo de vosso amor. Enviai o vosso Espírito e tudo será criado e renovareis a face da terra.

Animador: Oremos.

Todos: Ó Deus, que instruístes os corações dos vossos fiéis com a luz do Espírito Santo, fazei que apreciemos retamente todas as coisas segundo o mesmo Espírito e gozemos sempre de sua consolação. Por Cristo, Senhor Nosso. Amém.

Animador: Vamos iniciar nossa reflexão conhecendo um pouco do que dizem os documentos da Igreja sobre a família. Estes pequenos textos nos ajudam a reconhecer o nosso papel social e a redescobrir algumas atitudes essenciais para educar os filhos na fé e no amor, santificando nossos lares e relacionamentos.

Leitor 1: O valor da família pode ser compreendido na afirmação do Papa Bento XVI, ao dizer que a família é um dos tesouros mais importantes do povo, escola da fé, insubstituível para a serenidade pessoal e para a educação dos filhos (cf. DAp, n. 114).

Leitor 2: A convivência familiar é fortalecida ao compreendermos que o amor humano encontra sua plenitude ao participar do amor divino. O amor entre os esposos é doação recíproca entre um homem e uma mulher, fiéis até à morte e fecundo, aberto à vida e à educação dos filhos (cf. DAp, n. 117).

Leitor 1: A educação da fé e primeira experiência de Igreja se realiza quando os pais entendem que o grande tesouro da educação dos filhos na fé consiste na experiência de uma vida familiar que recebe, conserva, celebra e dá testemunho da fé (cf. DAp, n. 118).

Leitor 2: A grande família – comunidade eclesial – está fundamentada no amor incondicional de Deus que tanto ama nossas famílias, apesar das feridas e divisões. A presença de Cristo, invocada pela oração em família, ajuda-nos a superar problemas e abre caminhos de esperança (cf. DAp, n. 119).

Animador: Na família cristã, em seu esforço de ser Igreja Doméstica, somos chamados à primeira experiência de comunhão na fé, no amor e no serviço ao próximo (cf. CR, n. 260). Neste nosso encontro de hoje vamos refletir sobre a oração cristã, alimento para nossa espiritualidade e sustento para nossas famílias.

A Palavra de Deus ilumina nossa vida

Animador: Vamos acolher a Palavra de Deus cantando.

(Organizar a procissão de entrada da Bíblia na sala de encontros.)

Leitor: Leitura do Evangelho de Jesus Cristo segundo Mateus (Mt 7,7-11).

(Sugerimos uma pequena encenação: um catequista, representando Jesus, vestido com túnica e um manto, proclamará a leitura bíblica indicada; ele entrará na sala de encontros acompanhado por algumas pessoas que não fazem parte do grupo de pais; estas pessoas sentam-se no chão para escutar a Palavra e, ao final da leitura, levantam-se e sentam-se junto aos pais; o catequista que representa Jesus apresenta a Bíblia às famílias, passando-a de mão em mão.)

Leitor: Palavra da Salvação.

Todos: Glória a Vós, Senhor!

Meditando o texto bíblico

Animador: Deus sempre nos fala em todos os momentos de nossa vida. Neste encontro, de maneira especial, Deus vem nos falar sobre o sentido de nos reunirmos como grande família eclesial, comunidade dos que creem, unida em oração.

Leitor 1: O próprio Jesus disse: "Onde dois ou três estiverem reunidos em meu nome, Eu estarei no meio deles" (Mt 18,20).

Leitor 2: Jesus também nos disse que sempre podemos recorrer a Ele: "Pedi e vos será dado [...]" (Lc 11,9).

Animador: Vamos lembrar as palavras e expressões que mais chamaram a nossa atenção no texto bíblico que escutamos; a cada três respostas, iremos cantar:

Refrão: A vossa Palavra, Senhor, é sinal de interesse por nós.

Animador: O que estas palavras dizem para nós hoje?

Refrão: A vossa Palavra, Senhor, é sinal de interesse por nós.

Animador: O que Jesus nos fala?

Refrão: A vossa Palavra, Senhor, é sinal de interesse por nós.

Animador: Como dirigimos nossos pedidos a Deus?

Refrão: A vossa Palavra, Senhor, é sinal de interesse por nós.

Animador: Como está a nossa confiança em Deus?

Refrão: A vossa Palavra, Senhor, é sinal de interesse por nós.

Animador: Diante da Palavra de Deus, por meio de Jesus, o que podemos pedir por nossas famílias? Após cada pedido, nossa resposta será:

Todos: Senhor, escutai o clamor de nossas famílias.

Animador: Vamos relembrar, de olhos fechados, a cena descrita por Mateus, colocando-nos no lugar dos personagens que escutavam Jesus. Por alguns momentos vamos nos imaginar conversando com Jesus, para percebermos o que Ele quer que façamos.

(Convidar um catequista para proclamar, novamente, o texto do Evangelho segundo Mateus. Proporcionar momentos de silêncio para a interiorização da Palavra.)

Animador: Atentos àquilo que Jesus quer de nós, peçamos:

Todos: Meu Senhor e meu Deus, dá-nos força e coragem para seguirmos teus passos!

PARTILHANDO A PALAVRA DE DEUS

Catequista 1: "[...] os pais recebem a graça e a responsabilidade de serem os primeiros catequistas de seus filhos. Mesmo diante dos desafios atuais da família, ela é chamada a dar os primeiros passos na educação dos filhos. Espera-se que seja no aconchego, mas também nos limites e fracassos, que os filhos experimentem a alegria da proximidade de Deus através dos pais" (DNC, n. 238).

Todos: Não se pode entender a vida cristã sem relação com Deus, e nesta relação a oração em família ocupa lugar especial porque nos ajuda na aproximação com Ele.

Catequista 2: "A experiência cristã positiva, vivida no ambiente familiar, é uma marca decisiva para a vida do cristão. A própria vida familiar deve tornar-se um itinerário de educação de fé e uma escola de vida cristã" (DNC, n. 238).

Todos: A oração transforma e sensibiliza o coração humano.

Animador: O futuro da evangelização depende, em grande parte, da Igreja Doméstica. Assim, é preciso parar para refletir sobre nossa convivência familiar. Podemos, em seguida, fazer um momento de partilha.

- Conseguimos momentos juntos de convivência, de lazer e de oração?
- Como estamos ensinando nossos filhos a orar? E a se aproximar de Deus?
- Como falamos de Deus aos filhos?

Construindo nossa vida de fé

Animador: A Igreja professa o Mistério da fé "no Símbolo dos Apóstolos e o celebra na Liturgia sacramental, para que a vida dos fiéis seja conforme a Cristo no Espírito Santo para a glória de Deus Pai. Este mistério exige, pois, que os fiéis nele creiam, celebrem-no e dele vivam numa relação viva e pessoal com o Deus vivo e verdadeiro. Esta relação é a oração" (CIC, n. 2558).

Todos: Deus tem sede de que nós tenhamos sede dele.

Leitor 1: "A maravilha da oração se revela justamente aí, à beira dos poços aonde vamos procurar nossa água; é aí que Cristo vem ao encontro de todo ser humano, é o primeiro a nos procurar e é Ele que pede de beber. Jesus tem sede, seu pedido vem das profundezas do Deus que nos deseja. A oração, quer saibamos ou não, é o encontro entre a sede de Deus e a nossa" (CIC, n. 2560).

Todos: Deus tem sede de que nós tenhamos sede dele.

Leitor 2: "A oração cristã é uma relação de aliança entre Deus e o homem em Cristo. É ação de Deus e do homem; brota do Espírito e de nós, dirigida para o Pai, em união com a vontade humana do Filho de Deus feito homem" (CIC, n. 2564).

Todos: Deus tem sede de que nós tenhamos sede dele.

Leitor 3: "A graça do Reino é a 'união de toda a Santíssima Trindade com o espírito pleno'. A vida de oração desta forma consiste em estar habitualmente na presença do Deus três vezes Santo e em comunhão com Ele. Esta comunhão de vida é sempre possível, porque, pelo Batismo, nos tornamos um mesmo ser com Cristo. A oração é cristã enquanto comunhão com Cristo e cresce na Igreja que é seu Corpo. Suas dimensões são as do Amor de Cristo" (CIC, n. 2565).

Canto

Preces e bênção da família

Animador: Façamos um momento de silêncio para agradecermos a Deus as inúmeras graças recebidas. Peçamos que Ele nos abençoe e às nossas famílias.

Todos: Que o Senhor nos abençoe e nos guarde. Que a luz de Cristo ilumine nosso caminho. Que nossa vida seja sempre focada na santificação.

Animador: Glória ao Pai e ao Filho e ao Espírito Santo.

Todos: Amém.

Animador: Motivados pela força da oração voltemos às nossas casas renovados para manter nosso diálogo com o Senhor.

Uma tarefa para a família

Que proporcionemos momentos em nossas famílias onde possamos orar juntos: ao levantar, ao deitar, antes e depois das refeições... E que saboreemos estes momentos com a presença de nosso Criador e Pai, por meio de seu Filho Jesus, que nos ensinou a orar e a viver como cristãos, e com a presença de sua mãe, Maria, aquela que guardava tudo em seu coração.

Domingo, dia de festa da família de Deus

6

Ambientação

Mesa com uma toalha branca tendo de um lado um cálice com vinho, uvas, pão, trigo e, do outro, uma Bíblia rodeada de flores e uma vela acesa, simbolizando a mesa da Palavra e da Eucaristia.

O que queremos com este encontro

Compreender que guardar o domingo é compromisso das famílias que se encontram para louvar e agradecer o dom da vida.

Acolhida

Animador: Sejam todos bem-vindos a este encontro com famílias! Saudemo-nos uns aos outros! *(Dar um tempo para que as pessoas se cumprimentem.)* Iniciemos nosso encontro *em nome do Pai e do Filho e do Espírito Santo.*

Todos: Amém.

Animador: Deus, depois de tudo criar e perceber que tudo era bom, descansou (cf. Gn 2,2b). Também o homem que luta e trabalha para sobreviver, preocupado com seu próprio sustento e de sua família, encontrando dificuldades e desafios, sentindo cansaço, precisa parar, descansar, para usufruir do fruto do seu esforço e para agradecer a Deus tudo o que dele recebe e sempre receberá. E diante da bondade de Deus não podemos desanimar, nem nos deixar dominar pelo que podemos ter. E, principalmente, não podemos nos esquecer de agradecer a Deus.

Lado 1: Senhor, que nós não nos deixemos levar pelo cansaço físico e não percamos a fé; que não nos tornemos escravos de um consumismo exagerado e nunca nos esqueçamos de agradecer teu amor, igualando o domingo, dia tão especial, a um dia comum.

Lado 2: Que nossa consciência não nos permita preencher o domingo com afazeres do dia a dia, esquecendo-nos que é o "Dia do Senhor". Que possamos buscar em ti o repouso prometido: "Vinde a mim, todos vós que estais cansados e sobrecarregados, e eu vos darei descanso" (Mt 11,28).

Todos: Que o tempo dedicado a Cristo seja para nós o tempo para humanização de nossas relações familiares e de nossa vida.

Animador: Vamos ouvir o relato de um fato da vida. É uma pequena história que nos ajudará a entender o que acontece conosco no dia a dia.

(Esta história poderá ser lida de forma dialogada: narrador, o homem sentado à beira da estrada e o viajante.)

Um homem sempre ficava sentado à beira da estrada que dava acesso para a cidade, e por ali passavam muitas carroças carregadas de produtos para serem entregues no comércio local. E, algumas vezes, apareciam novos negociantes que não conheciam a estrada e pediam informações sobre como chegar à cidade, se era demorado, as condições da estrada...

– *Senhor, poderia me informar quanto tempo demora para chegar até a cidade?*

E o homem, com muita paciência, sempre respondia da mesma forma: – Se fores devagar, mais ou menos uma hora!!!

As pessoas que pediam informação no início ficavam confusas, depois se riam, mas, como estavam sempre com pressa, não discutiam. Punham-se na estrada pensando: se devagar leva uma hora, apressando-me, então, chegarei na metade do tempo.

O homem que estava sentado à beira do caminho, já acostumado com aquela situação, levantava-se depois de algum tempo e seguia rumo à cidade, assoviando e cantarolando sem pressa alguma. Não andava muito e encontrava os comerciantes apressados com a carroça quebrada, pois a estrada era cheia de pedras e buracos. O homem, com muita calma, aproximava-se e dizia:

– Eu não falei que se você fosse devagar chegaria mais ou menos em uma hora?

Leitor 2: Assim deve ser nossa vida. Muitas vezes precisamos desacelerar nossas atividades, pois tudo tem seu tempo. Devemos prestar mais atenção naquilo que nos rodeia (família, comunidade, amigos). E o domingo é um dia especial para isso, pois é quando devemos descansar e agradecer a Deus por tudo o que Ele nos deu e nos tem dado durante nossa vida. O domingo não é para ser preenchido com mil atividades não realizadas durante a semana. É, sim, um dia de ir à casa de Deus, encontrar-se com os irmãos, passear com a família, almoçar e conversar, todos juntos.

A Palavra de Deus ilumina nossa vida

Animador: Vamos acolher a Palavra de Deus cantando.
(Organizar a procissão de entrada da Bíblia na sala de encontros.)
Leitor: Leitura do Livro dos Atos dos Apóstolos (At 20,7).
Leitor: Palavra do Senhor.
Todos: Graças a Deus.

 Meditando o texto bíblico

Animador: Assim como os primeiros cristãos se reuniam no primeiro dia da semana, nós somos chamados a fazer. O Papa João Paulo II nos exorta: "não tenhais medo de dar vosso tempo a Cristo" (DD, n. 7). O domingo não deve ser confundido com final de semana, mas, acima de tudo, deve ser reconhecida sua dignidade como o Dia do Senhor, no qual os fiéis cristãos encontram-se para repartir o pão e viver em comunidade.

Catequista: Para o povo judeu o sábado (sétimo dia) representa o término da primeira criação, e deve ser guardado e santificado – é o descanso consagrado ao Senhor (cf. Ex 31,15).

Pai ou mãe: Para nós, cristãos, o domingo nos recorda uma nova criação, um novo tempo inaugurado com a ressurreição de Jesus Cristo. O domingo deve ser guardado como um dia de festa e preceito por toda a Igreja.

Todos: Por isso devemos participar da celebração eucarística e não praticar qualquer atividade ou negócio que nos impeça de prestar nosso culto a Deus com toda a dignidade que Ele merece.

Pai ou mãe: Eu estarei sempre convosco, até o fim do mundo – é a promessa de Cristo que continua a ser ouvida pela Igreja e é fonte da sua esperança. O domingo é o dia da ressurreição, mas ele não se reduz à recordação de um acontecimento passado: é a celebração da presença viva do Ressuscitado no meio de nós.

Catequista: Para que esta presença seja anunciada e vivida adequadamente não é suficiente que os discípulos de Cristo rezem individualmente e recordem interiormente, no segredo do coração, a morte e a ressurreição de Cristo. Com efeito, todos os que receberam a graça do Batismo não foram salvos somente a título individual, mas enquanto membros do corpo místico, que entraram a fazer parte do povo de Deus.

 Partilhando a Palavra de Deus

Com o crescimento das cidades e o consumo cada vez maior, o domingo passou a ser visto como mais um dia de trabalho.

- O que podemos fazer, nós cristãos, diante dessa realidade?
  (Convidar a uma partilha das sugestões e opiniões.)

 Construindo nossa vida de fé

Animador: Hoje, com a cultura "do tudo é permitido", nos damos o direito de não mais ver o domingo como um dia sagrado. Dessa forma, perdemos de vista o que é essencial em nossas vidas, perdemos nossa identidade de cristãos. Confiantes, elevemos nossas preces a Deus. Nosso pedido, após cada prece, será:

Todos: Restaura as forças de minha alma, Senhor! (cf. Sl 22 (23),3).

Leitor 1: Para que o domingo seja para nós uma verdadeira celebração em forma de agradecimento por tudo o que tens feito por nós, rezemos.

Leitor 2: Para que possamos celebrar de forma consciente o dia do Senhor, reconhecendo a presença viva do Ressuscitado no meio de nós, rezemos.

Leitor 3: Para que procuremos buscar o descanso terreno em vista do descanso eterno, rezemos:

(Os participantes podem, espontaneamente, apresentar outras preces de agradecimento, súplica, louvor...)

Preces e bênção da família

Animador: Senhor, não nos permita viver uma vida cheia de atividades e funções que nos afastem de ti. Que nossa vida seja um constante agradecimento pelas tuas obras em nosso favor. Concede-nos, Senhor, buscar viver cada dia com alegria e falar como o salmista: "Este é o dia que o Senhor fez: exultemos e cantemos de alegria" (Sl 118,24).

Todos: Amém.

Animador: Em nome do Pai e do Filho e do Espírito Santo.

Todos: Amém.

Uma tarefa para toda a família

Pela graça de Deus podemos caminhar confiantes na missão de pais e responsáveis por nossas crianças e jovens. Olhemos para a mesa: de um lado a Eucaristia, do outro a Palavra de Deus. Procuremos nos comprometer a participar mais das celebrações eucarísticas da comunidade aos domingos para que sejamos exemplos para nossas famílias.

Referências

Catecismo da Igreja Católica. Petrópolis: Vozes, 1993.

CELAM. *Documento de Aparecida*. Brasília: CNBB, 2007.

CNBB. *Diretório Nacional de Catequese*. Brasília: CNBB, 2006.

_____. *Catequese renovada*: orientações e conteúdo. São Paulo: Paulinas, 1983 [Documento n. 26].

JOÃO PAULO II. *Carta apostólica* Dies Domini, *sobre a santificação do Domingo*. São Paulo: Paulinas, 2007.

KOLLING, M. et al. (orgs.). *Cantos e orações* – Para a liturgia da missa, celebrações e encontros. Petrópolis: Vozes, 2007.

Missal cotidiano – Missal da assembleia cristã. São Paulo: Paulus, 1996.

SAGRADA CONGREGAÇÃO PARA O CULTO DIVINO. *Ritual de bênçãos*. São Paulo: Paulus, 2003.

CDs

PE. ZEZINHO. *12 sucessos*. São Paulo: Comep/Paulinas, 2004.

_____. *Alpendres, varandas e lareiras*. São Paulo: Comep/Paulinas, 1999.

CULTURAL

Administração
Antropologia
Biografias
Comunicação
Dinâmicas e Jogos
Ecologia e Meio Ambiente
Educação e Pedagogia
Filosofia
História
Letras e Literatura
Obras de referência
Política
Psicologia
Saúde e Nutrição
Serviço Social e Trabalho
Sociologia

CATEQUÉTICO PASTORAL

Catequese
Geral
Crisma
Primeira Eucaristia

Pastoral
Geral
Sacramental
Familiar
Social
Ensino Religioso Escolar

TEOLÓGICO ESPIRITUAL

Biografias
Devocionários
Espiritualidade e Mística
Espiritualidade Mariana
Franciscanismo
Autoconhecimento
Liturgia
Obras de referência
Sagrada Escritura e Livros Apócrifos

Teologia
Bíblica
Histórica
Prática
Sistemática

REVISTAS

Concilium
Estudos Bíblicos
Grande Sinal
REB (Revista Eclesiástica Brasileira)

VOZES NOBILIS

Uma linha editorial especial, com importantes autores, alto valor agregado e qualidade superior.

VOZES DE BOLSO

Obras clássicas de Ciências Humanas em formato de bolso.

PRODUTOS SAZONAIS

Folhinha do Sagrado Coração de Jesus
Calendário de mesa do Sagrado Coração de Jesus
Agenda do Sagrado Coração de Jesus
Almanaque Santo Antônio
Agendinha
Diário Vozes
Meditações para o dia a dia
Encontro diário com Deus
Guia Litúrgico

CADASTRE-SE
www.vozes.com.br

EDITORA VOZES LTDA.
Rua Frei Luís, 100 – Centro – Cep 25689-900 – Petrópolis, RJ
Tel.: (24) 2233-9000 – Fax: (24) 2231-4676 – E-mail: vendas@vozes.com.br

UNIDADES NO BRASIL: Belo Horizonte, MG – Brasília, DF – Campinas, SP – Cuiabá, MT
Curitiba, PR – Fortaleza, CE – Goiânia, GO – Juiz de Fora, MG
Manaus, AM – Petrópolis, RJ – Porto Alegre, RS – Recife, PE – Rio de Janeiro, RJ
Salvador, BA – São Paulo, SP